AF607299
AVERSO

HORIZONTE AQUÍ

JUAN MANUEL VILLALBA

Número 34 de la Colección **AVERSO POESÍA**

Horizonte aquí

Edición al cuidado de Averso Poesía
www.aversopoesia.com

hola@aversopoesia.com

Primera edición: mayo de 2024
ISBN: 978-84-10027-36-7
Depósito Legal: GR 681-2024

Impreso en España - *Printed in Spain*

El papel utilizado para la impresión de este libro está calificado como papel ecológico y procede de bosques gestionados de manera sostenible.

HORIZONTE AQUÍ

Juan Manuel Villalba

Argumentos

Caminar congelado, a tientas, lento.
Atravesar los soplos y nevadas oblicuas
que tiran de tu cuerpo hacia lo oscuro
donde crece maleza que te espanta.
Avanzar en adversas circunstancias
que intentan derribarte. Ahogar el ánimo.
Perderte entre la niebla de los lobos
que rondan tu camino con su olfato.
Enredarte los pies con el ramaje,
mojarlos con la escarcha que se afila.
Cortarte las mejillas con espinas.
Hacer de tus abrigos un harapo
que no sirva de nada y para nadie.
Apagar las fogatas de emergencia
borrándote en lo negro y tenebroso.
Disparar con el viento mil agujas
en tus ojos pequeños y ateridos.
Desnortarte en el día inabarcable
que finge ser la noche siendo el día.
Helarte el corazón, borrar tus manos.
Acortar tus pisadas hasta el mínimo.
Arrancarte de cuajo la esperanza.
Romper tu voluntad igual que un vaso.

Aquí te ofrezco todas las excusas
que puedes empuñar si decides alejarte
del camino que lleva hasta el poema.

NOSOTROS Y ELLOS

Para siempre

Mientras el mar cocea la ensenada
como un caballo enloquecido,
los jóvenes se besan y se cubren debajo
del rocío salobre que los visita y moja.
Y el caballo se agota y se calma y se retira
vencido por los besos
del eterno y fugaz amor
que siempre dura para siempre nunca.

Ambición

Dormiré en este mundo
como sólo los huesos enseñan a dormir,
exentos de las frutas del deseo
y sin el latigazo vigilante
de las cosas comunes o increibles.
Seré la arena fina del reloj
que sin moverse cae sobre sí misma
mientras los juncos trepan hacia las golondrinas
que bajan a beberse los barros de su nido.
Cuando el mundo decida de nuevo comenzar
con un puñado de almas estrenadas,
un niño hará una flauta con mi tibia
y quizás un collar de poder imaginario
con un simple botón incomprensible.

Enigma con gato

Me ha despertado un golpe seco.
Al principio creí que era cosa de los sueños
con sus ecos certeros o borrosos
que suelen confundirse en lo real.
No había nada ni nadie en la vigilia
ni en la inspección de todos los rincones.
Junto a un mueble perenne por inútil
algo estaba manchando la esquina de la alfombra.
Era el reloj de arena destrozado.
Tras el mueble, la sombra de mi gato
se intuía acechando el estropicio.
De todos los objetos de la casa
precisamente el gato ha tirado las ampollas
de tiempo de un pequeño puñado de desierto.
Jamás el gato había movido objeto alguno.
La imagen del reloj irrecuperable,
del gato con su crimen, y todo lo simbólico
del caso, apretó contra mi pecho
algo que está muy cerca de cualquier maldición;
demasiados enigmas confundidos.
Y puse la razón contra el misterio:
seguro que buscaba la arena en que retoza.
Llevaba planeándolo en silencio
con la paciencia ingrata e infinita
que distingue a los miembros de su especie.
Con respecto al cadáver del reloj,
imposible que el viento lo moviera.
Impensable el suicidio del reloj.
El tiempo no se autolesiona.

Terrores nocturnos

No sé qué pesadilla me esperará esta noche.
Hace varias semanas que me acechan
y en todas sus redadas consiguen atraparme.
Sus perros infalibles me rastrean
por todos los rincones de los sueños.
No encuentro santuario ni refugio
que pueda contenerlos en su caza;
porque me han dado caza, es evidente.
Nada importa a qué sueño me dirija
ni en qué rincón oscuro o luminoso
encuentre el desahogo que tanto necesito.
Aparecen los perros rastreadores
y ladran y amenazan a todo el que se muestre
conmigo en mis visiones. Rompen los episodios
absurdos y curiosos que el sueño me dispensa
manchando de fatigas y temores
la tregua caprichosa de la mente
cuando esparce a su antojo las nubes del descanso.
Anoche me encerraron en la cárcel
por ser un criminal que había matado
a sus propios amigos con las manos.
Otras noches me ahogo sin morirme
hundiéndome en la sima de los barcos sin nombre;
o aparecen los muertos que olvidé
echándome a la cara sus reproches.
A veces no despierto por el miedo,
las luces no se encienden, y cuando al fin despierto
el temor me acompaña todo el día

mermando mi vigilia y mi sosiego.
Quizá esta misma noche me entregaré de lleno.
No opondré resistencia, haré que me devoren,
me maten, o me encierren. Me condenen.
Quizá mañana empiece, conforme y agotado,
a sumarme a las filas de las sombras
y de una vez por todas pierdan el interés,
elijan otro cuerpo, me dejen descansar.

Oriental

Exacta como un verso reluciente
una carpa ha cruzado el estanque
oculto en la cañada de todos mis lamentos.
¿La viste? Se ha tomado todo el tiempo del mundo
en avanzar en este lago falso
que imita un escenario japonés.
En oriente trasladan los paisajes
cerca de las viviendas, decoran las afueras
para vaciar de culpas y recuerdos
los interiores frágiles y fríos,
como una mente en blanco antes del sueño.
Es una idea brillante borrar el contenido
de las casas, las chozas, los palacios,
y decorar el aura circundante
con todos los deseos del mundo natural.
Cada cual, cuando vuelve a su vivienda,
vacía la conciencia y la mirada.
Estrena un día nuevo, verdadero,
en cada despertar sin mancha alguna,
sin letras ni consignas decoradas
con ansia occidental en las paredes.
Es una buena idea tener el mundo a punto
cada vez que se sale de la casa.

Rasgar un cuadro

De noche siempre hay alguien pescando en la orilla,
la pértiga de caña plantada entre unas piedras
o sujeta en la arena por unos hierros viejos.
Se intuye el hilo tenso y al lado una figura
que suele estar mirando hacia la oscuridad.
La pértiga se inclina, se comba hacia lo lejos.
El pescador nocturno concentra su mirada
en donde el hilo rompe la tersura del mar,
después vuelve la vista hacia la caña mansa
y calibra el indicio del látigo invisible.
En las noches más claras el hilo rompe el lienzo
de la luz de los barcos manchando el agua negra.

Las visiones

La nube que miramos como niños
se asemeja a un mastín muerto o, tal vez,
tumbado bajo el sol de invierno.
Ella no lo ve, dice que es exacta
a una cama deshecha por la pasión furiosa.
Es una nube enorme y solitaria
que se acerca manchando el día perfecto.
Es negra, impertinente, inadmisible
en la estampa que forma la mañana.
Yo percibo la muerte de un perro gigantesco,
y ella ha visto pasión desordenada
en la mancha de nube que se queda tan quieta
mientras que la observamos en medio del domingo.

De la mano subimos la colina.
De la mano, callados, trepamos suavemente
dejando atrás la nube, sin mirarla.
Más tarde descendemos,
la nube ya ha cambiado, parece que se aleja.
Ninguno de los dos abre la boca
pensando en el contraste de nuestros pareceres.

Mare Nostrum

Ella no lo sospecha,
pero cuando el océano del sueño
la cubre, y la reclama,
y la transforma en mito
doméstico y privado,
la convierto en sirena.
Ella muda y yo sordo.

Soy capaz de pasar horas inmóvil,
contemplando el milagro lento
de su vuelta a la superficie.
Yo mismo me desato sin ayuda
cuando intuyo burbujas de regreso.
Si no lo hiciera así
no podría volver a atarme
en sus abrazos.

Amor en ausencia

Qué percusión tan rara trae el aire
esta mañana hueca en que estoy solo.
Es la primera vez en muchos años
que no dormimos juntos y apretados
llenando los abismos de la noche.
Qué extraña la extensión sobre la cama,
el cuerpo que no cumple con su peso.
El olor permanece más tiempo que su imagen
como ropa en armarios de los que nunca vuelven.
Saber que no está quieta y a mi lado
le finge más presente, o de otra forma
que ya tenía olvidada con ella siempre cerca.
Ahora está sin cuerpo junto a mí,
todo lo suyo emerge sin su signo,
olores y silencios, pasos mudos
y la seguridad de su presencia
tras las cortinas lisas del salón.
Ahora que se ha ido tan sólo unas jornadas
parece que su pelo ondea en el silencio,
parece que su mano arrastra mi cintura,
parece que se ríe entre cualquier ruido.
Bastarán unos días de soledad
para tenerla entera y con aliento.
Para apreciar lo mucho que llena mi planeta.

Lo exacto

Hay un misterio en cada cosa,
pero tiene que estar en su momento preciso,
y cada objeto, insecto o persona
carece de sentido sin su marco de tiempo.
Si la cosa y el tiempo no coinciden
serán como un licor derramado en un jardín:
el proyecto de un sueño derrochado en el césped.
En un verano insólito
del cruel mediterráneo,
nos encontramos ella, el tiempo y yo.
El miedo endémico y antiguo
al incómodo frío de las olas
me sujetaba inmóvil a la orilla;
pujaba entre dos mundos poderosos.
Decidí la crueldad del mar,
es más sincero, más enorme, más homicida.
Entré. Nada podía contenerme.
Salí del mapa erróneo de los atlas
y dejé que las olas me mordieran;
no hice caso de nada razonable.
Cuando emergí ya estaba lloviznando.
Lloviendo. El mar, la lluvia, ella y yo,
en su momento exacto, nada más perfecto.
No dije nada a nadie, ni importan los testigos.
Cuando llegué hasta ella, en tierra firme,
apuré sin permiso todo lo que quedaba
de la copa de vino de su boca.

Nubes grises

Las nubes grises llegan cargadas de noticias
porque revelan desde lejos
que ocultarán el sol, y tu cabello
cambiará su matiz de noche clara
por el color café humeante.
Las sombras más pequeñas se escurren con la lluvia,
despojan de fantasmas cada objeto,
y no es estar más solo, las sombras nunca pesan.
Los ojos se agigantan para captar la luz
que echan de menos, dándole a los rostros
apariencia de fiebre o de pobreza,
y las gentes se cruzan y se observan
igual que si tuviesen un secreto.
En cada capital hay dos ciudades,
la oscura y la encendida por el sol.
Y cuando es por la lluvia, son las nubes
las que toman el mando y agregan el matiz
que, a vista de otros ojos, nos dibujan
según se nos antoje en nuestra mente.
Están llegando nubes muy oscuras,
nubes grises hinchadas con lluvia de sosiego,
esa lluvia amansada que te envuelve y convierte
en una novedad, siendo la misma.

Picture in a Frame

Ella me quiere, no me cabe duda.
Me devuelve el amor que le dedico,
que no es poco. Quién sabe.
Creo que tengo amigos, no lo dudo,
los dioses los bendigan, van cayendo.
Todos los días cumplo la promesa
del milagro secreto de vivir
como si existir fuese un mérito.
Hambre no paso. Lloro como un niño
por cualquier episodio personal.
No quiero molestar, pero sin duda
necesito cariño, tampoco demasiado.
Quiero sentirme entre vosotros.
Entre vosotros. Vivo y en silencio.
Sin ser echado en falta y sin sobrar.
Salir al fondo de la foto.

Carta astral

Las distancias no son como las cuentan,
no coinciden los cálculos trazados
por todos los geógrafos
astrónomos y agrimensores.
Las distancias no están lejos ni cerca,
no entienden de vacíos ni contactos.
Las distancias se miden con la mente
y no entre los mapas y los cómputos.
Porque entonces ¿qué hacer
si en el otro hemisferio de la cama
te vuelves y te alejas en el sueño?
¿Si no puedo acercarme, tocarte y abrazarte,
cómo entender el cosmos en toda su extensión?

Rebeldía

Aquí está el mar obligatorio
sosteniendo al que mira y al que flota.
No me agrada pararme a contemplarlo.
Me agrada que sea él el que me avise,
y me detenga, y hunda mi peso en la arena
o clave mis pisadas en la tierra.
Aquí está antes de ser visto
por ninguna criatura ensimismada.
Él fundó lo viviente en su amalgama
de pequeñas partículas deformes
bajo el peso de nubes de amoniaco.
Y se exhibe a través de mi ventana,
y lo agradezco, pero me acorrala
su obligada presencia en el paisaje.
Se me ha impuesto como orden cotidiana,
y siempre me sublevo ante todo lo ordenado.

ELLOS Y NOSOTROS

El tiempo perdido

Los verbos sólo caben en la mente del hombre.
Miro y contemplo árboles
sólo cuando yo creo que ellos quieren.
Los miro por placer
y los contemplo con envidia.
No necesitan nada ni a nadie que los vea.
No parecen sufrir, ni tampoco ser felices.
Son árboles: Están, y también Son,
de sobrenatural forma, en la misma
cápsula verbal, quietos, no dormidos.

A los árboles miro por placer.
La envidia que me inunda al contemplarlos
se nutre del rencor y la desdicha
de saber que su tiempo real, íntimo,
su verdadero tiempo inconcebible,
se conoce en el mío como tiempo perdido.

Los ojos de los muertos

Amapolas cortadas al fondo de una cueva,
inconcebibles, fuera de lugar.
Frágiles y radiantes flores muertas
que alumbran las fogatas de los vivos
buscando el último destello.
Al fondo de la cueva hay otro fondo
al que no llega el haz de las linternas.
Es mejor detenerse, quedarse entre las flores
y observarlas: su vida al cortarlas es tan breve
que apenas se sostienen un instante
hasta descompensarse y perder su impacto rojo,
y aplastarse en el suelo y parecer unas briznas.
Los ojos de los muertos conservan la dulzura
unos momentos antes de apagarse por siempre;
amapolas de vida breve son esos ojos
que tocamos, cerramos con los dedos,
confiando en la esperanza de un nuevo despertar.
Salimos de la cueva y caminamos,
la luz parece inmensa después de tanto oscuro.
Sin embargo, el desierto es nuestra casa,
vivimos en un páramo agotado
y apenas dos retamas brillan en el paisaje.

Paranoia

Ya no hay lucha de clases, así que ya no hay lucha
de unos contra otros; La Historia la extinguió.
Ahora la contienda es de todos contra todos,
cada cual se atrinchera detrás de sus miserias.
Al fin lo han conseguido, por fin lo han logrado,
los del grupo secreto que dirige el planeta
y siempre queda al margen del cisma que acontece.
Perduran en los siglos portando las antorchas
que encienden a la plebe dispuesta a ser rebaño
pulsando los resortes que estallan en sus vidas.
Lo del grupo secreto que maneja La Historia
es un cuento de viejas mil veces repetido,
rumores que consiguen explicar circunstancias,
frustraciones de masas que no tienen salida.
Es muy secreto el grupo, es un acorazado
que atraviesa las guerras sin sufrir ningún daño;
inculcan en sus hijos la jura de silencio
para seguir el rumbo de lo que planifican.
Seguro que es un chisme de la desesperanza
que esparcen los más necios, los más necesitados;
rumores que se cuentan a la luz de las ratas
para el consuelo antiguo que tanto fruto ofrece.
Los del grupo secreto y los pobres deslenguados
se compensan contrarios cerrando el mismo círculo.

Velatorio

El cazador guerrero contempla el cuerpo inerte
de un hermano de su tribu. Lo mueve,
lo patea, le ruge, espera días completos
indagando cualquier movimiento que señale
que todo ha sido un sueño prolongado.
El cuerpo se asemeja a un tronco seco,
se arruga, lo visitan los insectos
y los ojos se nublan día a día
apuntando al misterio de la nada.
El cazador guerrero permanece en vigilia
ante la inútil esperanza
de un retorno a la vida que nunca volverá.
El hermano es carroña, huele mal,
un grupo de alimañas gotea su saliva.
El cazador guerrero coge flores
perfumadas cubriendo el hedor de su cadáver.
Lo cubre con las flores de esencias más potentes
para guardar el cuerpo del hambre circundante.
Tras cincuenta mil años seguimos visitando
con flores a los muertos. No es ternura,
ni homenaje, es olor que lo camufla
desde los viejos tiempos de lo humano,
la primera noción de respeto y salvaguarda.
El primer gesto humano vencido por lo inútil.
El primer gesto humano de bondad
que ha llegado inconsciente a nuestro tiempo.

Acumulación

En el aparcamiento subterráneo
hay un trastero frente al automóvil
del vecino que nunca dice nada.
El trastero es aún más subterráneo,
está más escondido, es un secreto.
Las cosas que encarcelan los trasteros
no están aquí ni allá, son objetos postergados
que se hunden en un tiempo detenido.
O también son atajos, como túneles
que acercan lo pasado a lo presente;
nada tienen que ver con la basura.
Una vez pude verlo medio abierto.
No había nada, el vacío lo llenaba
con una intolerancia sorprendente.
El vecino que nunca dice nada
ahora es un ejemplo para mí.
Carece del pasado y sus atajos.
La única persona que conozco
ya con todo el futuro por delante.

Impertinencia

Los pájaros adoran las espinas
porque pueden posarse en ellas
y practicar reposo y vigilancia.
Las espinas, los pájaros, no caben
en las manos del hombre insatisfecho.
Ni unas ni otros reciben bien las manos,
y las manos vacías no hallan hueco
en esa ecuación natural;
apenas sirven las palabras
como extensión de manos invisibles.
Eso son las palabras, extensiones,
fantasías, equipos de herramientas
que hemos inventado para poder tocar
lo prohibido, violar el orden
que no nos corresponde y deshacerlo,
convertirlo en escritos y falacias
que eximan de la culpa y frustración.
El pájaro en la espina diluye su mirada
y hace caso omiso, siquiera se percata
del hombre que lo toca con palabras
desde abajo, creyendo en la mentira
que esas propias palabras le insinúan.

Invisibilidad

Cerca de las viviendas, al borde del cercado,
aparece un pastor con un puñado de cabras.
Avanzan junto al límite exclusivo
que separa lo seco de lo verde;
vallas de alambre, adelfas y aspersores
ignoran lo que resta del planeta.
Un puñado de cabras y un hombre solitario
rodean la isla de césped y agua limpia.
No hay nada más lejano que la proximidad.
El hombre y su rebaño enfilan la colina,
atrás queda el confort que promete lo privado.
El hombre no ha mirado ni un instante
a lado alguno, fija su atención
en el punto final de su trayecto.
Allí están las algarrobas
y el agua sucia y triste, quizás alguna sombra.
Es ese su objetivo, cumplir con la jornada.
Desde el balcón de una vivienda
una chica aburrida le ha tomado una foto.

Viaje

Fosforecen los tejados sin luna
a causa del narcótico
que gira dentro de ese joven.
Su sangre está infectada de partículas químicas
que lo están trasladando
hacia sitios ocultos de la mente.
Zonas cerradas del cerebro
se abren con neones fulgurantes,
y el ánimo visita un país desconocido.
Parece comprender el universo,
levita y redescubre los colores más puros.
Es un tour el efecto de la droga,
un viaje al exterior del interior.
La mente se acelera, el tiempo no se pierde
en demoras pautadas que dictan las rutinas;
están abiertas todas las salidas
que le fueron cerradas tanto tiempo,
y el mundo se ilumina con la química
que va tomando fuerza entre las venas.
La gente que pasea ve a un muchacho
absorto mientras mira una pared
manchada con carteles y grafitis.
El joven pierde fuerza y atronan las alarmas,
se enciende la emergencia, el efecto se agiganta.
¡Maravilla, qué asombro, qué belleza!
—parece balbucir en su universo—
cuando es el mismo sol el que revienta
en forma de paneles de ambulancia.

Los restos

Rematada y furiosa, la anciana arrastra un carro
repleto de verduras y comida barata.
Una mano en la carga, la otra contra el viento,
tirando en línea recta hacia el fin del malestar.
La vieja mira al suelo y avanza con torpeza,
parece que no anda, sus huesos la traicionan,
y arrecia el vendaval contra su cuerpo,
alza un muro delante de su paso.
Y la anciana se inclina, es un mascarón de proa
desgajado de un buque, una goleta fantasma
borrada en el abismo, sin nombre ni destino.
Olvidó en su memoria la fecha del desastre.
Olvidó en sus recuerdos la asesina galerna
que destinó sus luces al vórtice abisal.
La vieja sin memoria es lo que queda,
lo único que flota, los restos de la gloria.

Fiesta

Un perro desespera de dolor
cuando explotan los fuegos de artificio.
Bajo la cama fría y tersa
encuentra una guarida que lo acoge.
La familia al completo se asoma a la ventana
y el perro solitario aúlla en su rincón.
El cielo se ilumina de asteroides,
los colores y truenos reverberan
para una fiesta única en el año.
Los perros no conciben el tiempo acumulado,
agotan al minuto sus festejos y fiebres.
La familia descansa cuando cesa la fiesta
y busca a la mascota, es un cachorro
que encuentran en las grutas de la cama.
El perro, sin el tiempo mensurable,
ya está lamiendo manos, lo agradece.
Aunque el dolor no quepa en su recuerdo,
es un dolor cumplido, y existe en una zona
que aún no tiene nombre y está por definir.
El presente infinito de los perros
no culpa a la familia, ni la exculpa.
Los perros que se arrastran por las casas
a veces son la envidia de sus dueños.

Analítica

Cuando la sangre llena las jeringas
con su flujo caliente, domada por los médicos,
y arrestada en asépticas probetas
para explorar su mundo tenebroso,
nunca se tiene en cuenta
el grado de apetito que contiene
cuando el cuerpo se cubre de deseo
y las venas y arterias se inflaman como nubes
del color de la tarde adormecida.
El látigo que envuelve su corriente
al transportar el aire en cada ciclo,
en cada pulsación, ignora las jornadas
en que fuimos vencidos o felices.
El informe final que la traduce
jamás deja constancia de todo lo que fuimos
al ser con otro cuerpo un solo cuerpo,
ni el asombro, la culpa, la barbarie.
La sangre que se mece en las probetas
jamás cuenta la historia de ningún corazón.
Nuestro pequeño viaje sin peso en este mundo.

Lo visible

Una mezcla entre el trigo y la maleza
domina lo que fue el jardín de la mansión.
Oscuros intereses y negocios
no han permitido aún edificar
sobre la isla abandonada
de una mansión urbana tan extraña,
tan fuera de lugar y tan cerrada.
Tres décadas alejan al último habitante
de las vueltas de llave que mataron la casa.
Esa mezcla de trigo y de espesura
es césped liberado a su estado natural,
es una plantación desconocida
cuando puede crecer a su albedrío.
Unas plantas que nadie reconoce
igual que los soldados que regresan,
que han vuelto de la guerra diferentes
y reanudan la paz que les inquieta.
Verde y domada hierba fue su césped
con su rapado cráneo de alfombrilla.
La casa es invisible, jamás repara nadie
en todos los asuntos que están quietos;
las cosas que están quietas durante mucho tiempo
adoptan el disfraz de lo invisible.
Entre las plantas desbocadas,
que han crecido a su antojo en el deforme jardín,
crecen algunas amapolas

tras los inviernos secos
y la gente se para a contemplarlas
o mueren sin ser vistas para siempre.

Préstamo a cero

He conocido un hombre sorprendente
porque pide prestados los recuerdos.
Sondea a los vecinos, pregunta a conocidos.
Consigue que relate de su vida
—a todo el que se cruce en su camino—
pequeños episodios que hicieron especial
algún momento raro de su existencia plana.
Recoge en la libreta que guarda en el bolsillo
aventuras y casos imposibles y extraños.
Va llenando su vida y sus papeles
de extractos y capítulos aislados
para escribir un libro sin forma ni volumen.
El hombre sin pasado que caza los recuerdos
de los que le rodean, va llenando su vida
de imágenes ajenas que acomoda
a su orfandad y destino. Desea disponer
de bastantes recursos para el día de mañana,
cuando su cuerpo aplaque las pocas energías.
Está deseando inquieto a que le pregunten otros
qué cosas de su vida merecen ser narradas.
Nada importan mentiras ni verdades,
tendrá su vida llena de argumentos,
pasajes y sucesos que extrañen o conmuevan
a quien se preste a oírlos.
Tendrá su vida llena para dormir tranquilo,
haber hecho bastante, poder morir sereno.

De turismo en Auschwitz-Birkenau

Sobre las viejas mantas, las ventanas
rotas y polvorientas dejan ver
unos camastros, muelles deshuesados
de jergones con chinches y parásitos
donde pequeños cuerpos se consuelan
con su insomnio huérfano y difunto.
Esto es el barracón de los sin nombre,
el almacén de cuerpos detenidos,
la gruta de los niños arrestados
con sus camisas grandes de hombres que murieron.
Aquí están los niños solos con el hambre
que se reparten todos con exacta equidad.
Disentería y agua es el menú
que le brindan soldados que no hablan.
De vez en cuando alguno es requerido,
sale del barracón y nunca vuelve.
El jergón y el vacío de la cama
hacen ruido de tanto desamparo,
las pulgas se impacientan en la paja.
Pronto se llena el pozo plano de la cama;
otro niño repleto de hambre y frío.
Todos los niños son el mismo niño
y todos los soldados diferentes.

Propiedades privadas

En el desguace vi los coches muertos.
Mientras, en el granero del establo
de la finca contigua,
nacían un puñado de conejos.
Dos negocios ajenos, separados
por la fina tensión de unos alambres
deshechos y orinados por los perros
de no se sabe quién, o abandonados.
Así que son parcelas defendidas,
dedicadas a gestos y labores especiales
que ignoran lo que el límite resguarda.
También así son las personas
que en la calle se cruzan cada día.
También ése, y el otro, también yo,
resguardados por muros intangibles
de prejuicios, temores y cautelas
que parecen salvarnos de lo extraño.
Y sin saber qué hacer con esta imagen,
mientras me alejo, pienso:
qué buen refugio para los conejos
serían los montones de chatarra.

La mala hierba

La mala hierba no se come,
se suprime con furia y se desprecia
de los huertos, cultivos y jardines
convertidos en tierras amansadas.
Pero la mala hierba es igual que los caballos
que no tienen un nombre ni un patrón,
avanzan a su antojo ignorando propiedades
y emergen con orgullo entre las rosaledas
que derrochan la tierra siendo plantas esclavas.
La mala hierba es libre y soberana
y también es hermosa en su terca sencillez,
no requiere cuidados ni lisonjas
y se agarra al planeta con orgullo y coraje.
Los insectos no hacen diferencia
entre las plantas duras o sumisas,
y ellas mismas se cuidan y alimentan
brotando entre las mínimas rendijas
o entre las torpes piedras de los adoquinados.
Son la prueba obstinada de la vida,
la potente rareza de una fuerza admirable
brotando en esta roca perdida en las estrellas.

Reverso

La gente que te amó es la que te odia.
El odio sin amor es imposible.
El odio y el amor existen juntos:
gemelos separados al nacer
que piensan y se intuyen sin la prueba
de la existencia mutua y paralela.
Aquellos que te odian devuelven sus desprecios
en el espejo roto que deforma tus rasgos.
No puedes hacer nada que extinga los disparos
que explotan dirigidos hacia tu integridad.
La gente que te amó, te amo de veras.
Por eso ahora te odia. Cambios en la pasión.

Sentados en silencio

Ha dicho que la idea pasó por su cabeza
cegándola de luz en un segundo,
que no recuerda nada del antes y el después;
quizá sólo una cosa:
los perros, igual que olas, ladraban a lo lejos.
Una vida se pierde en una noche.
Ya no recuerda nada, se lo contaron todo
y dice que lo admite, que debe ser verdad.
Quiso acabar con todo lo que no fuera él mismo.
Por eso descendió los escalones;
temblaba en una lata el frío carburante
que había desangrado al automóvil.
Las bestias inundaron de miedo y de lamentos
la agria oscuridad de los establos.
En su memoria flota el olor a gasolina
y también el ganado enloquecido,
ardiendo e incendiando la pradera
como si fueran dedos de un delirante Dios.
De la mujer y el hijo ya no recuerda nada,
como una chispa oscura, un meteoro,
borrando la memoria de ese infierno.
Y cree lo que aseguran sus vecinos,
los que ahora están quietos, sentados en silencio.
Y dice que lo admite, que puede ser verdad.

El resplandor

Se mezclan en el cielo las luces de aeronaves
con las estrellas vivas que vencen los reflejos
de la ciudad flamante, estrellas que sobrepasan
el resplandor inevitable.
Cada día son menos las estrellas
que superan las luces encendidas
de la ciudad gigante. Se extinguen como monstruos
en las selvas lejanas, digeridas
por la furia indolente que va minando el mundo.
En las constelaciones se detectan más huecos,
se van quedando cojas, mancas, ciegas,
se desmiembran despacio mientras la ciudad crece.
El cielo de la noche se va quedando mudo,
surcado de aerolíneas que pasan incansables.
No quedan referencias, apenas se distinguen
las luces que orientaron a los griegos.
Ahora lo celeste es un cóctel de lo excéntrico,
la maraña de luces de colores
que dibujan trayectos a las pistas
o pasan en la altura hacia lugares remotos.
Los niños imaginan portentos espaciales
y fenómenos raros de guerras planetarias.
Hasta el cielo se extingue, quién lo hubiera pensado.

El fin del mundo

Los cien mil girasoles de esta hacienda
se han organizado en una revolución.
Se han proclamado independientes,
se han declarado en rebeldía,
volviéndole la cara a nuestra estrella
con inversa mecánica e igual disciplina.
Se niegan a cumplir el giro exacto
que adoraba a su dios efervescente.
Declaran que ahora miran hacia el mar,
lo han constituido en soberano
aboliendo el rotar esclavizante.
Necesitan la nueva garantía
que les ofrece el mar con su talento
en su contemplación benevolente.
Obstinados y clónicos han roto
la delicada fibra de las órdenes
provocando un efecto dominó
que alterará las reglas del planeta.
El principio del fin ha comenzado
con un desprecio ilógico al orden vegetal.
El tiempo tan temido en los escritos
parece comenzar con este ajuste.
Ahora las abejas, los cerezos, los niños,
seguirán el ejemplo de la rebelión
y todo habrá empezado, tal vez, a deshacerse.

ÍNDICE

Este libro se terminó de editar en Granada
en mayo de 2024 por

www.aversopoesia.com
hola@aversopoesia.com